Interpretar cambios

por Margie O'Hern

Scott Foresman
is an imprint of

Glenview, Illinois • Boston, Massachusetts • Chandler, Arizona
Upper Saddle River, New Jersey

Illustrations by **4, 14, 15** Jared Osterhold.

Photographs

Every effort has been made to secure permission and provide appropriate credit for photographic material. The publisher deeply regrets any omission and pledges to correct errors called to its attention in subsequent editions.

Unless otherwise acknowledged, all photographs are the property of Pearson.

Opener DEA Picture Library/Getty Images; **1** tbkmedia.de/Alamy Images; **3** NASA; **5** tbkmedia.de/Alamy Images; **6** Jupiter Images; **7** NASA; **8** United States Department of the Interior; **9** Robert A. Rohde; **10** ©DK Images; **11** John Woodcock/©DK Images; **12** Jupiter Images; **13** Michael Dwyer/Alamy Images.

ISBN 13: 978-0-328-52840-0
ISBN 10:   0-328-52840-4

Cambios en la Tierra

¿Sabías que la Tierra está cambiando todo el tiempo? Los científicos estudian estos cambios para entenderlos mejor. Por ejemplo, pueden estudiar cómo un río cambia su curso o cómo se seca un lago. Algunos de los cambios más importantes, hoy en día, pueden estar sucediendo debido al calentamiento global. El calentamiento global significa que, lentamente, la Tierra se está volviendo más caliente. Un planeta más caliente cambiará nuestro tiempo atmosférico y también la manera en que subsisten los seres vivos en la Tierra.

Fotografía de la Tierra desde el espacio.

El océano Ártico

Uno de los lugares que estudian los científicos es el océano Ártico. Este océano cubre la parte norte de la Tierra y rodea al polo Norte. En invierno, el Ártico está alejado del Sol y está oscuro todo el día. En verano, está de frente al Sol y hay luz las venticuatro horas del día.

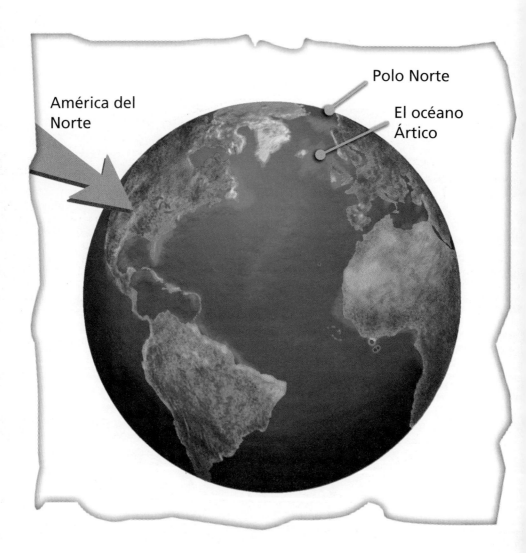

Polo Norte

El océano Ártico

América del Norte

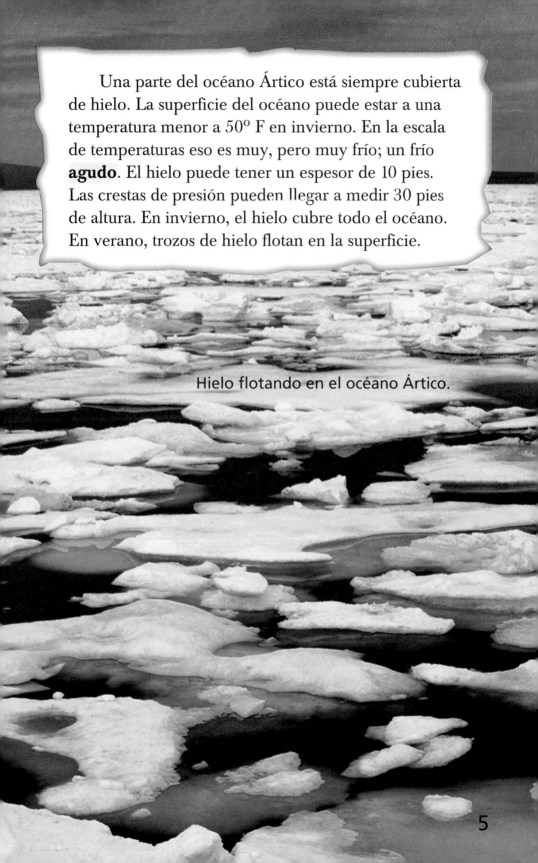

Una parte del océano Ártico está siempre cubierta de hielo. La superficie del océano puede estar a una temperatura menor a 50° F en invierno. En la escala de temperaturas eso es muy, pero muy frío; un frío **agudo**. El hielo puede tener un espesor de 10 pies. Las crestas de presión pueden llegar a medir 30 pies de altura. En invierno, el hielo cubre todo el océano. En verano, trozos de hielo flotan en la superficie.

Hielo flotando en el océano Ártico.

El océano Ártico está rodeado de tierra que está helada la mayor parte del año. Pequeñas plantas y algunos animales, como por ejemplo, los osos polares, viven en esta tierra. Los osos polares viajan a través del hielo para cazar focas. Las focas viven en el océano, donde pueden comer peces o animalitos que apenas pesan unas pocas **onzas**. ¿Pero qué les pasará a los osos polares si dejara de haber hielo?

Un oso polar en el Ártico.

Cambios en el océano Ártico

Los científicos estudian el océano Ártico. Los aprendices que trabajan con ellos hacen agujeros en el hielo y observan detenidamente el medio ambiente a través de **binoculares**. También miden el espesor del hielo, estudian las fotografías de los satélites, y ayudan a los científicos a escribir ensayos sobre lo que están aprendiendo. De su trabajo, hemos aprendido que el hielo del Ártico se está derritiendo un poco más cada año.

1979

Tamaño del hielo cubriendo el océano Ártico en 1979 y en 2003

Área blanca: hielo

Línea magenta: área originalmente cubierta de hielo

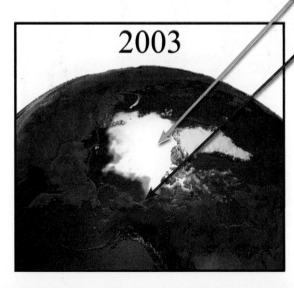

2003

Un glaciar es un río de hielo. Los científicos tomaron fotografías de un glaciar hace 60 años. Recientemente también tomaron fotografías del mismo glaciar. Ahora el glaciar es más pequeño. Mucho hielo del glaciar se ha derretido. Las temperaturas cada vez más cálidas de la Tierra han provocado que se derrita el hielo.

Glaciar Muir en agosto de 1941

Glaciar Muir en agosto de 2004

El calentamiento global

El calentamiento global significa que la Tierra se está volviendo más caliente. ¿Por qué creen esto los científicos? Los científicos revisaron los registros de la temperatura de hace 100 años porque querían saber qué tan cálida era entonces. Luego, revisaron las temperaturas actuales. Descubrieron que la Tierra ahora está más caliente. Muchos científicos creen que la Tierra incluso se volverá cada vez más caliente en el futuro.

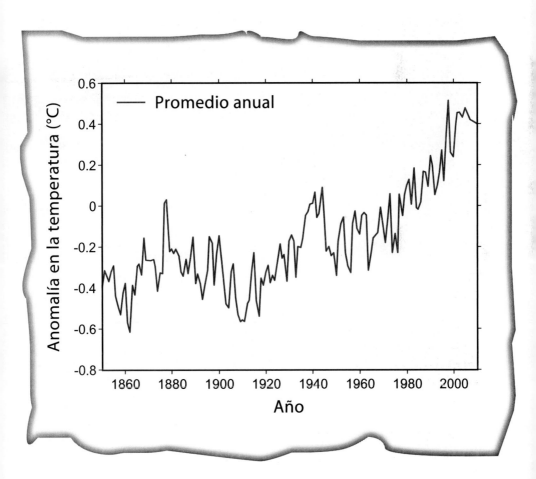

Promedio anual de anomalía en la temperatura a partir de 0° C en el hemisferio norte

Causas del calentamiento global

Algunos científicos dicen que es el efecto invernadero el que hace que la Tierra esté más caliente. Los invernaderos son pequeñas construcciones de cristal. Algunas personas **prefieren** cultivar plantas en ellos. Los rayos **iridiscentes** del Sol entran al invernadero pero el calor no puede salir. El aire en un invernadero permanece caliente. Las plantas que hay dentro crecen bien en el aire caliente.

Un invernadero

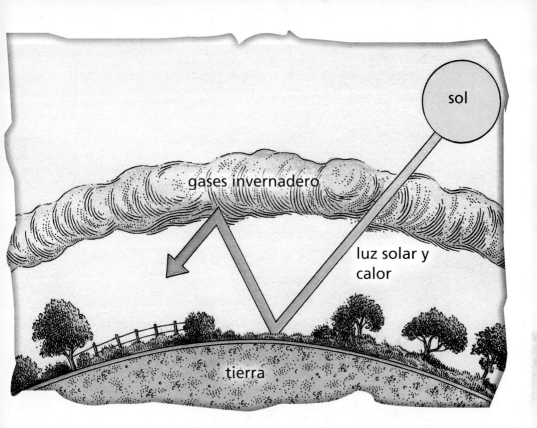

sol

gases invernadero

luz solar y calor

tierra

La atmósfera de la Tierra puede ser como un invernadero. Los gases en la atmósfera mantienen el aire caliente como el cristal en el invernadero. A esos gases los llamamos gases invernadero.

Muchos gases invernadero se producen de forma natural. Algunos gases invernadero son necesarios porque permiten que pase la luz del Sol y mantienen su calor en la Tierra. Los seres vivos necesitamos ese calor para vivir. No obstante, hoy en día tenemos más gases invernadero en nuestra atmósfera que antes. Estos gases retienen más el calor del Sol, así que la Tierra se está calentando más y más. ¿Cómo ha sucedido esto?

Algunos científicos creen que las personas somos la causa principal del calentamiento global. Los carros y camiones que las personas manejan, por ejemplo, liberan gases invernadero en el aire. Al quemar petróleo, **carbón** y madera estos gases se agregan al aire. La manufacturación de algunos productos también puede agregar químicos en el aire. Todas estas cosas hacen que la Tierra esté más caliente.

Por otro lado, los árboles y **arbustos** ayudan al aire. Los árboles ayudan a quitar uno de los gases invernadero del aire. Si las personas cortan muchos árboles, éstos ya no podrán ayudar a mantener el aire sin este gas.

Algunas fábricas contaminan la atmósfera de la Tierra.

Calentamiento global: efectos sobre la Tierra

En el futuro, es posible que el calentamiento global sea responsable de más cambios en la Tierra. Por ejemplo, las aguas del océano podrían elevarse. Las tierras costeras podrían inundarse y quedar bajo agua. El número de tormentas podría incrementarse y éstas volverse más fuertes.

Algunos lugares de la Tierra podrían recibir menos lluvia y se volverían más cálidos y secos. Es probable que los lagos y ríos reduzcan sus dimensiones, y que aumenten los incendios forestales: por lo tanto más bosques se convertirían en **cenizas**. Podría escasear el agua para cultivar alimentos. Ciertas plantas y algunas **especies** animales podrían desaparecer de la Tierra.

Sin embargo, hay una gran cantidad de cosas que todos podemos hacer para asegurarnos de que estos cambios no ocurran.

Área inundada

Cómo ayudar

Tú puedes ayudar a la Tierra para que no se caliente más. Aquí tienes algunas ideas:

Anda en bicicleta o camina siempre que puedas. Sugiérele a tu familia que deje el carro en casa tanto como sea posible. De esa manera, estarán agregando menos gases invernadero al aire.

Apaga tu computadora cuando no la estés usando.
Apaga las luces. Apaga la televisión. Ahorrarás electricidad.

Recicla botellas, latas, plástico y papel. Ahorrarás energía y salvarás árboles.

Habla con tus padres sobre la energía solar. Sugiéreles que piensen en calentar la casa con energía solar.

Habla con tus padres sobre los carros. Sugiéreles que compren un carro con energía eficiente.

Aprende todo lo que puedas sobre el medio ambiente. Lee libros y habla con las personas. Crea un club para ayudar a otros a aprender más.

Glosario

agudo *n.* vivo, gracioso; afilado.

arbustos *n.* planta perenne de tallo leñoso.

binoculares *adj.* se dice de los instrumentos ópticos que permiten mirar a distancia simultáneamente con los dos ojos.

carbón *n.* materia sólida, negra y muy combustible.

cenizas *n.* polvo de color gris que queda después de una combustión completa.

especies *n.* conjunto de cosas semejantes entre sí.

iridiscentes *adj.* que refleja o muestra los colores del arco iris; que brilla.

onzas *n.* tipo de peso.

prefieren *v.* dar preferencia.